ADRESSE
AUX RÉPUBLICAINS
SUR LE DIVORCE,
CONSIDÉRÉ
DANS SES RAPPORTS MORAUX ET POLITIQUES.

Combien d'époux, même honnêtes et vertueux, font mutuellement leur supplice, pour avoir été mal assortis ! Combien de jeunes et malheureuses victimes de l'avarice de leurs parens, se plongent dans le vice, ou passent leurs tristes jours dans les larmes et gémissent dans des liens indissolubles que le cœur repousse et que l'or seul a formés !

(J. J. ROUSSEAU, note 9. *Discours sur l'origine de l'inégalité entre les hommes.*)

A PARIS,

Chez { DEBARLE, Imprimeur-Libraire, au Bureau général des Journaux, quai des Augustins N°. 17.
LOUVET, Libraire, au Palais-Egalité, N°. 138 et 139.

L'AN IV.ᵐᵉ,

AVERTISSEMENT
DE L'AUTEUR.

Aussi éloigné par mon goût, que peu capable par mes lumières, de dissertations politiques, j'ai cru pourtant devoir émettre mon opinion sur une matière qui me touche, comme individu et comme citoyen.

Je sais qu'il est des préjugés avec lesquels on ne peut composer, et ce sont ceux que j'attaque ici. Mais il est des esprits pénétrans, qui, par eux-mêmes, apperçoivent la vérité ; il est des hommes fermes qui la défendent ;

il est des ames droites qui l'admettent lorsqu'elle leur est démontrée.

Voilà les seuls juges qu'on invoque avec fruit ; c'est à eux que je m'adresse.

ADRESSE
AUX RÉPUBLICAINS
SUR LE DIVORCE.

En un tems où les loix républicaines ont reçu plus d'une atteinte, la loi du divorce a été suspendue dans quelques-uns de ses effets. Sont-ils ou non contraires à l'intérêt social ? c'est ce qu'on entreprend d'examiner ici.

Nul, je crois, n'élevera de doutes sur la nécessité de pourvoir aux cas d'abandon ou de mauvais traitemens entre les époux. La cause d'incompatibilité d'humeur a pu présenter plus de scrupules au législateur: il s'agit de les apprécier.

Les publicistes et les philosophes de tous les siècles, se sont accordés à regarder les bonnes mœurs, comme la seule base solide de toute république, comme l'unique garantie de la stabilité de cette forme austère de gouvernement. Les opinions des publicistes et des philosophes ont été invoquées, de nos jours, avec une pompe trop souvent stérile. On doit pourtant avouer, qu'à plusieurs égards, notre révolution a opéré des changemens qui tendent à favoriser le rétablissement des mœurs, si important à une constitution républicaine.

Le célibat des prêtres était, on ne l'ignore point, une des grandes sources de déréglemens sous l'ancien régime. L'indissolubilité du lien conjugal lui peut être associée sous ce rapport, et il sera facile de s'en convaincre, par le tableau des associations qui, sous le règne de l'église romaine, parmi nous, étaient qualifiées du nom de Sacremens.

Le despotisme vit d'orgueil et s'entoure de faste ; l'orgueil et le faste multiplient les besoins factices. La cupidité vole à leur suite et répand, au loin, ses germes corrupteurs. Lorsque le corps politique, imprégné de son influence, la faisait rejaillir sur les rapports privés des familles, la foi conjugale n'est pas restée à l'abri de ses atteintes. Qui ne sait que l'intérêt, ce régulateur unique des sociétés perverties, était devenu principal moteur des mariages et l'arbitre suprême de leurs convenances. L'avarice ou l'ambition inspiraient aux parens le choix des époux ; l'indifférence ou la docilité des enfans consacraient ce choix ; l'arithmétique avait commencé le traité ; le notaire le rédigeait, et le prêtre, par sa bénédiction, sanctionnait, pour jamais, l'union la plus hasardeuse. Les époux s'étaient pris sans se connaître ; souvent ils se connaissaient pour se haïr ; ils vivaient divisés et malheureux ; ils se parjuraient réciproquement, ou la fidélité languissait victime d'elle-même. Il importait peu, c'était l'usage ; et tandis que les plus pervers se jouaient, avec impudeur, de la foi conjugale, les époux qui, dans les mariages mal assortis, l'avaient respectée davantage, étaient réduits, pour les cas extrêmes, à la déplorable ressource de ces séparations bruyantes et controversées où l'autorité parlementaire exigeait la publicité du scandale, avant d'en accorder la répression.

Si l'ordre de choses dont je parle est déjà loin de nous, il n'est pas pour cela étranger à la question que je traite. Les vices qui ont entouré le berceau de la génération actuelle, qui ont nourri son enfance endoctriné sa jeunesse et qui assiègent encore sa virilité, sont, n'en doutons point, les plus puissans ennemis d'un régime politique qui leur est diamétralement opposé. Ces vices existaient particulièrement, je l'avoue, dans les classes jadis privilégiées dont le principal privilège était de donner de mauvais exemples. Mais ces exemples étaient accrédités et suivis; ils ont dû étendre loin leurs effets; ces effets méritent donc l'attention des législateurs, qui, par devoir, pour leur honneur et pour leur propre sûreté, voudront une réformation morale. Le pacte conjugal présente, sous ce rapport, les plus importantes considérations. J'ai rappelé combien, par le passé, il était infecté du vice de nos institutions; j'ajoute, qu'à cet égard et même d'après la nature de ce pacte, le remède des désordres que j'ai retracés est dans la faculté du divorce convenablement étendue. Je ne dis point que par ce seul moyen on arrêtera tout déréglement de mœurs: je dis que l'on ôtera au libertinage une de ses principales sources;

je, dis., en outre, que l'intérêt politique de la révolution est puissamment secondé par le divorce. Naissance de nouveaux intérêts entre les époux et d'une nouvelle génération, irréconciliables avec l'ancien régime, subdivision des fortunes entre un plus grand nombre d'enfans, tendante à favoriser l'égalité ; ces deux frappantes considérations seront renforcées par l'examen détaillé de la question du divorce. Pour y parvenir, envisageons l'union conjugale dans ses différens points de vue. Consultons d'abord la nature ; considérons ensuite les rapports de l'ordre social. C'est de ce double examen et de cette méthode seule, que sont toujours sorties les bonnes institutions.

Si nous interrogeons la nature, nous verrons que dans la majeure partie des associations auxquelles elle préside seule, elle n'a point donné l'exemple de l'indissolubilité du mariage. Le plaisir appelle l'homme auprès du sexe qui en est dépositaire. Cette sensation qui parmi les sauvages n'est qu'un instinct brutal, produit néanmoins dans l'époux momentané, un attachement pour sa compagne, qui assure ordinairement à celle-ci les secours nécessaires avant et durant l'époque de douleur qu'amène la maternité. Le titre de père devient pour l'homme un nouveau lien, et ce lien subsiste communément, autant que le besoin d'assistance dans sa progéniture. Ainsi la nature, dans ses loix éternelles, pourvoit à la propagation des espèces. Ces rapports de besoins et de secours nous sont retracés dans presque toutes les familles des êtres organisés.

L'état social fait pour améliorer celui de nature, entraîne d'autres considérations et d'autres loix. L'intérêt de la conservation et des jouissances individuelles, qui est l'unique mobile de l'homme sauvage, s'étend et s'ennoblit dans l'homme civilisé. Il se voit membre d'une grande famille qui, en lui présentant de nombreux avantages, lui impose aussi des devoirs étroits. Il découvre, sur un grand théâtre, des objets d'envie et des sources d'émulation ; il n'en peut approcher sans le secours de ses semblables ; ses semblables exigent en retour, le tribut de son industrie ou le partage de son superflu ; ainsi s'établit la loi des échanges, première base de toute convention sociale et qui se retrouve jusque dans nos rapports moraux. L'amitié, la plus pure des sensations qui échauffent le cœur de l'homme, n'est pas exempte de cette loi : les rapports de caractère l'établissent, la réciprocité des bons offices la maintient ; elle n'est enfin qu'un échange de tendresse. Par-tout l'homme attend de l'homme le prix de la jouissance qu'il lui procure ; la sympathie n'est qu'un apperçu plus prompt de l'analogie des sensations, et il faut toujours, et par-tout, reconnaître cette maxime fondamentale de l'ordre social : *faites à autrui ce que vous voudriez qu'on vous fît à vous-même*. L'égoïste n'enfreint cette loi que par erreur de calcul, et ne l'enfreint point impunément.

J'ai dit que la société, fondée sur les rapports mutuels entre les individus, leur impose des obligations en retour des avantages qu'elle leur procure : ces obligations sont ou générales ou particulières : de-là, nos devoirs publics et privés. Les devoirs publics s'appercoivent assez ; et dans une république on ne les nomme point ; on les sent : ils produisent ce transport brûlant, cet élan sublime, ce prodige de vertu, de force et d'audace, l'amour de la patrie. Nos devoirs privés renferment les obligations morales, dont les premières de toutes sont relatives aux titres d'époux et de père. Rapproché de mon but, je cherche ici l'heureux accord de l'intérêt social avec le bonheur privé.

Le sort de deux êtres qui s'unissent dans tous les rapports de leur existence, est la meilleure ou la pire des alliances. La meilleure, si les caractères se conviennent ; la pire, s'ils se contrarient. Je sais qu'il existe un état intermédiaire, celui où les époux ne se convenant point assez pour vivre ensemble, ne se contrarient pas non plus assez pour se brouiller ouvertement, et se bornent à s'éviter. Cet état qui, assurément, n'est pas rare aujourd'hui dans le mariage, s'écarte manifestement de la nature de ce pacte, et en cela il offense le plus directement l'intérêt social. Si l'un des époux reste fidèle aux engagemens de la chasteté conjugale, le premier vœu de la nature, le vœu conservateur des sociétés est éludé. Si les deux époux se donnent une licence respective, ils corrompent ailleurs la paternité et la per-

dent en eux-mêmes. Qu'il y ait ou non infidélité réciproque, il y aura, certes, parjure habituel et violation d'un pacte authentique; il y aura, entre deux êtres qui ne pouvaient faire leur bonheur qu'en s'aimant et s'estimant, nécessité de se mépriser, peut-être de se haïr, et tout au moins de se tromper. Législateur, quelle moralité attendez-vous de pareils effets? Quelle digue opposerez-vous au torrent de perversité qui en doit naître? Direz-vous, comme St.-Paul: *maris, aimez vos femmes*. La nature qui effaça St.-Paul du rang des êtres raisonnables, lorsqu'il tint ce langage, la nature vous répondra : l'amour s'inspire et ne se commande point. La patrie vous dira d'autre part : « Dépositaire de mon autorité, je
» vous l'ai confiée pour mon bonheur. Mon
» bonheur et ma force dépendent de l'étroite
» union des intérêts particuliers avec le mien.
» Mes premiers devoirs sont la justice et la
» bienfaisance envers mes enfans. De la justice naît le respect, de la bienfaisance
» naît l'amour; tous deux et eux seuls serrent le faisceau social; sans eux, l'indifférence le relâche, la mésintelligence le

» désunit, et le premier choc le disperse.
» Je dois aux individus qui habitent mon sol,
» protection et sûreté dans l'exercice des droits
» que leur laisse le pacte social. Je dois, en
» leur interdisant sévèrement tout ce que
» l'intérêt général défend, leur permettre,
» leur assurer, même tout ce qu'il ne défend
» pas. Mes loix doivent perfectionner celles
» de la nature et non les enfreindre. La
» nature en attachant l'homme à la femme
» qu'il aime et aux enfans qui, nés de
» lui, réclament son assistance, a fait tout ce
» que je puis prétendre, tout ce que je dois
» ordonner sur les conséquences du ma-
» riage ».

Me contestera-t-on que la patrie tienne ce langage ? Eh! que lui ferait-on dire ? *Je commande aux sensations ?* c'est une absurdité ; *je tolère le parjure*, c'est un blasphême. Trouvez le milieu entre cette alternative.

Vous m'objecterez l'intérêt des enfans; mais j'ai montré que même dans l'état de nature, l'association de l'homme et de la femme dure assez pour satisfaire aux premiers besoins et à l'éducation physique de leur progéniture.

Il est, sans doute, d'autres besoins dans l'ordre social; c'est à la loi d'y pourvoir.

Si notre dépravation exige une prévoyance qui ne peut être nécessaire que contre des pères dénaturés, assurez dans tous les cas la subsistance convenable des enfans; mais ne croyez point les servir, en les retenant sous la dépendance d'un mauvais ménage. Que feraient de plus leurs plus grands ennemis?

M'objecterez-vous qu'en facilitant le divorce, c'est ouvrir un champ libre à l'inconstance, intervertir sans cesse les rapports des familles; anéantir en quelque sorte la société conjugale et la changer en un concubinage successif? je vous répondrai, en invoquant la nature même du pacte dont il s'agit : si son origine et son seul lien durable est la convenance des personnes, c'est rappeller ce pacte à ses vrais termes, que d'imposer aux contractans l'obligation de se bien choisir, ne fût-ce que pour éviter les charges multipliées qu'entraînent de nouveaux choix; c'est donner pour loi réciproque, aux époux, l'intérêt de se plaire, tandis que l'ancienne loi ne leur imposait souvent que la nécessité de se nuire

Ne m'objecteriez-vous point encore l'autorité de Montesquieu, qui a dit, en parlant des loix de Rome, que la faculté du divorce resta long-tems sans effets dans cette république, et que les divorces fréquens ne vinrent qu'avec la corruption des mœurs. Si vous me parlez de Rome dans sa vertu, je vous dirai de comparer vos mœurs aux siennes. Sans doute, tant qu'elles ont été pures, le divorce a été ignoré. C'est du moment qu'elles se sont altérées, que sa fréquence en a prouvé l'utilité. Ne valait-il pas mieux voir des mutations d'époux que des adultères plus nombreux, et des scandales de toute sorte? Ne valait-il pas mieux favoriser quelquefois des cœurs volages, que de courir le risque des crimes auxquels n'ont que trop souvent donné lieu les unions malheureuses? N'ai-je pas commencé par remonter aux sources de notre immoralité? Ai-je besoin de tracer le tableau de ses effets? Et que vous indiqué-je dans le divorce, sinon un remède aux maux qui vous ont précédé, et dont vous ne pouvez que par dégrés arrêter le cours.

J'ai recherché les loix de la nature, pour analyser l'union conjugale. Quel sujet leur tient de plus près ? Quoi ! le sentiment le plus doux qui naisse dans le cœur de l'homme, l'unique contre-poids du malheur, le consolateur le plus puissant des maux qui empoisonnent la vie, l'amour, l'assemblage de tous les plaisirs, le plaisir par excellence, ce bienfait où le sage a cru voir la plus apparente empreinte d'un pouvoir divin, l'amour asservi sous de bizarres combinaisons, défiguré par la perversité, tourmenté par la contrariété de nos mœurs et de nos institutions, s'est presque généralement couvert des traits hideux du vice ! Faut-il s'en étonner ? il naquit avec des ailes, et vous lui donnez des chaînes. Profanateurs de la félicité de l'homme, moralistes, qui par un faux respect pour la foi conjugale, l'anéantiriez de fait, en substituant la contrainte à la volonté ! Considérez avec moi le spectacle des unions mal assorties, et que vos cœurs prononcent sur cet aspect. Voyez la langueur et le dégoût, à la place de l'empressement et des transports de la tendresse; l'opposition des idées, des sentimens, des volontés, au lieu de leur attachante conformité. Voyez le devoir sans cesse aux prises avec le penchant, la nature avec la loi, le respect des bienséances avec le pouvoir invincible des affections. Voyez des cœurs indifférens ou ennemis, péniblement rapprochés par l'identité du nom et par une communauté d'intérêts, devenue pour eux le plus pesant fardeau. Etendrai-je cette description jusqu'où l'observation m'y porte? Dirai-je les plaintes amères, les haines profondes, les querelles scandaleuses, si généralement inséparables des mauvais ménages? Peindrai-je l'épouse en larmes, déplorant dans sa solitude les froideurs, les infidélités de son époux, ou, non moins inutilement, les divulguant avec imprudence? Montrerai-je l'époux combattu par les remords, s'il porte une ame honnête, puis, entraîné par un ascendant irrésistible, vers l'objet de son affection, tantôt luttant contre cet ascendant, sans pouvoir rentrer dans les obligations du pacte conjugal, tantôt se livrant à l'attrait de la volupté, sans moyen de la légitimer aux yeux d'autrui? Doublez cet aspect; placez ces obstacles, ces tourmens des deux parts, et jugez de l'état de deux êtres qui gémissent sous des liens indissolubles, en n'ayant jour et nuit, pour pensée, que le désir de les rompre et de former ceux auxquels est attaché leur bonheur. Fondateurs de la liberté française, n'avez-vous aboli la captivité claustrale, que pour conserver dans le sein de vos foyers, la servitude d'un nœud, libre dans son origine, et rendu indissoluble par des conventions abusives. L'ignorance ou la précipitation qui président si souvent aux engagemens de la jeunesse, auront-elles irrévocablement dévoué au malheur ou au vice, tout le reste de la carrière de l'homme ? des époux désunis et malheureux par la nécessité même de leurs relations, sont-ils propres à l'éducation de leurs enfans ? vaut-il mieux enfin perpétuer le désordre et en étendre les suites, que de rendre à la liberté imprescriptible des affections, un cours sagement concilié avec l'ordre social ? quelle seule autorité combat véritablement de telles considérations ? Les saints canons, l'église catholique, apostolique et romaine, qui, en inscrivant le pacte conjugal au nombre des sacremens, en établissant l'indissolubilité du mariage ou du moins réservant à son chef d'en ordonner, s'était assurée la principale branche de l'autorité qu'elle exerçait jusque dans nos rapports les plus intimes.

Républicains, qui n'auriez point acquis cette existence glorieuse, si l'empire des préjugés, sappé dès long-tems par la philosophie, ne s'était pas écroulé sous les efforts de votre énergie constante, c'est à vous particulièrement que je soumets la question du divorce. Ce n'est point assez de l'audace qui entreprend, ni du courage qui exécute, il faut la sagesse qui consolide, pour affermir l'ouvrage de l'un et de l'autre : or, la sagesse agit principalement dans un empire, par la législation. Vos plus grands ennemis, vous le savez, sont dans votre intérieur : opposez-leur une forte masse d'intérêts identifiés aux vôtres ; voilà le plus sûr moyen de les contenir et de les dissiper à jamais. Quel ressort peut vous conduire plus directement à ce but qu'un état civil introduit par vos loix et dont la stabilité dépend de la leur ? Certes, vous avez bien par ce moyen acquis des amis sincères dans la classe des prêtres. Vous devez compter sur ceux qui se sont mariés en vertu de vos décrets. Comptez autant sur les époux qui divorceront pour se remarier, en usant d'un bienfait que la nature et la raison vous prescrivent. Les uns et les autres à jamais proscrits dans l'opinion de vos antagonistes, n'auront d'existence politique que par vous, d'espoir qu'en vous, d'alliance intime et durable qu'avec vous. Voyez si des conséquences de cette nature ne valent pas la meilleure des professions de foi. Voyez s'il vous importe de rétablir ou de suspendre, d'étendre ou de resserrer la faculté du divorce. Mais la question que je viens d'agiter sous ses différens aspects n'est-elle pas décidée par la constitution ? *la loi ne reconnaît ni vœux religieux, ni aucun engagement contraire aux droits naturels de l'homme ;* voilà le texte du titre XIV. Me dira-t-on qu'il ne soit pas contraire aux droits naturels de l'homme de se lier, dans ses affections, au-delà de leur durée, de donner à l'impulsion de la volonté les conséquences de la contrainte, de s'imposer, enfin, je ne saurois trop le redire, la nécessité du malheur ou du parjure ? Le titre XIV pourvoit évidemment à un pareil abus. Pourquoi ce titre n'aurait-il pas sa prompte et entière exécution, quand il s'agit de donner à la république, des adhérens sûrs et fidèles ? Malgré l'importance de ces raisons, et peut-être à cause de leur importance même, la faculté du divorce pourra trouver des contradicteurs : ils étaleront des scrupules vains, des dangers exagérés ; ils objecteront des abus, moindres à coup sûr, que ceux qui résultent du mariage indissoluble. Je leur adresse cette réflexion péremptoire. Quelque facile que fût le divorce, il n'aurait point lieu dans les bons ménages ; et voilà les seuls qu'admettent l'intérêt social et le vœu de la nature.

F I N.

De l'imprimerie du Bureau général des Journaux, quai des Augustins, N. 17.

www.ingramcontent.com/pod-product-compliance
Lightning Source LLC
Chambersburg PA
CBHW061520040426
42450CB00008B/1709